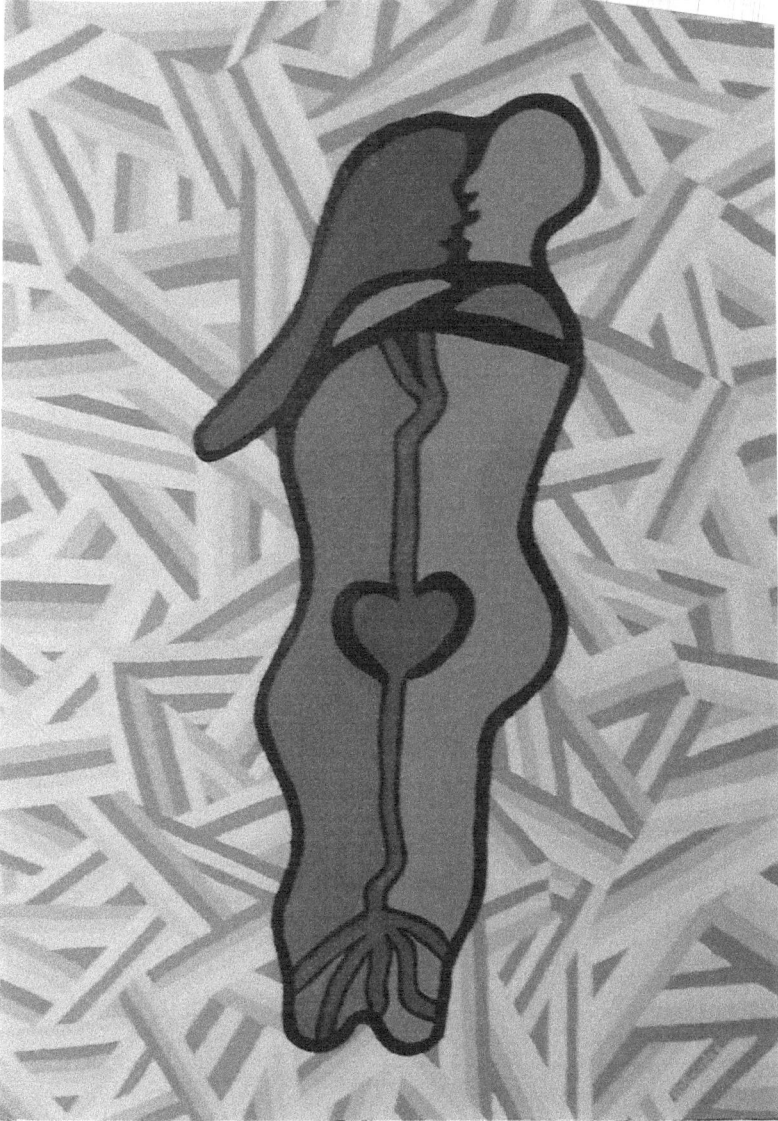

AMANTE ENREDADOS – Autore Roger Hollander

Lisa Cocco

TARARA

2011

La scelta di questo titolo non è casuale, Tarara è il nome di una località cubana, isola che amo in maniera particolare, oltre ad essere anche il titolo di una poesia di Federico Garcia Lorca.
Ma Tarara è anche un modo di fare musica, ritmo e poesia di strada, è aggregazione e allegria, è sfuggire alla solitudine nella ricerca degli altri, sia pure per condividere sporadici momenti, è una filastrocca.

Lisa Cocco

Copertina : AMANTE ENREDADOS – Roger Hollander
Per gentile concessione del Pittore.

TARARA
© **Lisa Cocco**
Curatore: Natale Figura
Editore: lulu.com
ISBN: 978-1-4466-2942-0
Prima edizione: Marzo 2011

Dedico questo libro in uguale misura: alla mia famiglia,
a Sergio, Carmen, Roberta, Patrizia e Dina,
le persone che più mi stanno vicino.

Lisa Cocco

INDICE

Prefazione
(Carmen Vàscones. Scrittrice)

Tarara de Lisa es un sí al aliento de su ser, un sí al lugar que se funde con el laberinto de las letras que nacen en su interior, es un empapelarse con los colores de la tierra, con los sentidos que la atraviesan. Con los pensamientos que aclaran el no de la soledad. Es un sí con su rebeldía fundándose en el olimpo del tiempo que rebota como aguas que refrescan por un rato a la sombra.

La nostalgia tiene color agua en la complacencia de la creación de Lisa. Ella limita con los acantilados del verbo. Talla la forma del sentimiento y los echa a las mareas de la memoria. El sonido estalla como ola cerca de la roca. Como ventisca dejándose atrapar por el espacio.

El ser de la poeta clama un refugio para la pasión que cae en el crepúsculo. La mirada traspasa la barrera del fonema. Deja unir el trazo con el sentido. Nos lleva a escuchar el latido de la existencia cuando se está gestando.

Las formas del agua femenina y la naturaleza invaden el espíritu. Tanta belleza no cabe en la tragedia. La ausencia: nostalgia de la luna en cualquier lugar. La escritura su precipicio de placer para no serle fácil a la nada.

Conmueve esa transparencia de la autora al ahondar en la madriguera de su alma donde el laberinto tiene la forma de su ser que asoma al espejo de sus ojos. Palabra sin exclusas.

Palabra viva e irreverente a la muerte. Su letra firme asienta su poética que desmadeja en el silencio al lenguaje que descubre.

Su escritura un duelo de pasiones.

Un amanecer con la imaginación.

Un gozo sin compasión.

-**Tarara**- di Lisa, è un sì al respiro del suo essere, un sì allo spazio che si fonde col labirinto delle lettere che nascono nel suo intimo, è un avvolgersi con i colori della terra, e con i sentimenti che l'attraversano. Con i pensieri che reiterano il no alla solitudine. E' accettare la sua ribellione, che si fonde nell'olimpo del tempo, che rimbalza come acqua che rinfresca a tratti l'ombra

La nostalgia ha il colore dell'acqua, nella suggestione della creazione di Lisa. Che lei limita con le scogliere del verbo. Intaglia la forma del sentimento e la getta alle maree della memoria. Il suono esplode come onda che si frange sulla roccia. Come tormenta che si lascia catturare dallo spazio.

L'essenza del poeta esige un rifugio per la passione che cade nel crepuscolo.

Lo sguardo oltrepassa la barriera del fonema. Unisce le sembianze al sentimento. Ci conduce ad ascoltare il battito dell'esistenza quando sta germogliando.

Le forme della natura femminile e l'autenticità invadono lo spirito. Tanta bellezza non sta nella tragedia.

L'assenza: nostalgia della luna in qualunque posto.

La scrittura il suo abisso di piacere per arginare le difficoltà.

Commuove la trasparenza dell'autrice, che scava nella caverna della sua anima, dove il labirinto ha le fattezze del suo essere, che si affaccia allo specchio dei suoi occhi, in un turbinio di parole, senza nessuna esclusione.

Parole vive, irriverenti alla morte. Il suo verso, a tratti duro, è mitigato da una poetica che illanguidisce nel silenzio il linguaggio che esprime.

La sua scrittura una lotta di passioni.

Un'alba con l'immaginazione.

Una gioia senza commiserazione.

1

A COSA PENSAVI

A cosa pensavi,
quando le tue dita scorrevano
sulla morbida mappa del mio corpo,
lentamente salivano,
poi si tuffavano e in un continuo, lento contatto,
ecco ripetersi un magico rito,
è solo l'inizio di un lungo cammino.
È questo il tesoro appena scoperto,
nel silenzio piacevole di una calda serata,
mille esaltanti impulsi di vita,
serena disfatta del sogno più bello.

2

A VOLTE

A volte dalle parole non si torna indietro,
straziati da un sospetto che non dorme mai.
Dove l' amore è solo violenza e sottomissione,
e anche un bacio non perde la sua drammaticità.
Fingere, perché ci sono altri ruoli da recitare.
Fingere, per non avere il coraggio di abbattere
la morale comune.
Ignorando che questi sbagli, saranno la nostra
fortuna, non c'è da scontare tutta la vita la
fragilità di certi momenti.
Via la donna che non è stata scelta.
Non consumerò teneramente la mia esistenza;
sarà la buona amante di un uomo, di un altro
e un altro ancora.
Guarirò, scegliendo gli antidoti giusti
per contrastare i sentimenti più aspri.
Nasconderò a me stessa il rancore che mi tormenta,
ma sto male, là nel profondo.
Dove io stessa non posso vederlo.

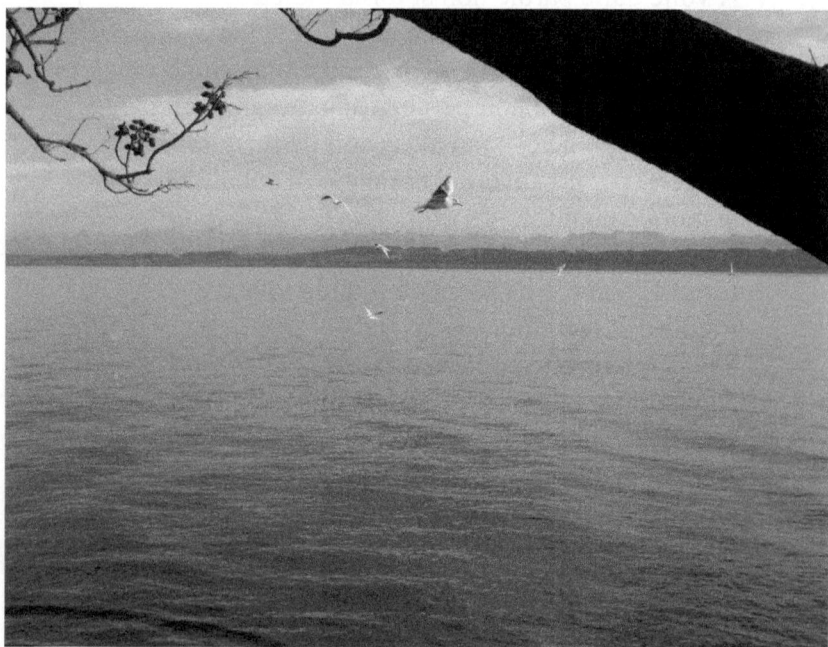

3

A VOLTE BASTA UN CANTO

Distesa sul letto non riesco a pensare ad altro,
immaginandomi sudata e ansimante,
su un qualunque corpo da usare,
fino a non poterne più,
per poi ricominciare.
E vivrei volentieri,
aspettando qualcosa che mi renda viva.
Pensieri, parole e gesti, di un giorno, una notte
o una vita, in un vagare erotico di occhi scuri
a illuminare un volto maschio, sensi accesi...
Piccola vita, nella storia della mia vita.
Languore silenzioso di questa dolce sera,
immersa nell'abitudine di un affanno,
che cresce, pulsa,
mi fa dimenticare ogni sconvenienza,
ma mi mette al sicuro, tuttavia.
Sono momenti tra timore e eccitazione,
in cui la paura diventa impudenza,
e il corpo, animale pronto a tendere l'agguato.
Non c'è arroganza, ma quasi malinconia
nella preghiera di accogliere una carezza,
nel bisogno di gettarsi in altre braccia,
per ritrovare una bocca forte e gentile,
uno sguardo dolce e insinuante.
La malizia diventa ansia,
e in un gesto intimo la mano
si protende verso la tela del ragno
dalla quale non è possibile fuggire.

4

A VOLTE STO ASPETTANDO

Sto aspettando... non so cosa.
Mentre la risacca prosegue nel
suo moto perpetuo,
ho una prorompente voglia di
diversità.
Ho compreso che rimanere
incatenata ad un muro,
era una versione delle favole,
con le strofe
troppo a lungo ripetute.
C' era una volta... e una volta
ancora.
Non mi interessa quel pugno di
amara filosofia, ho pensieri e
nitidi sogni, da cucire con rituale
esigenza.
Ti mancherò, anche se sarò poco
lontana dal tuo cuore.

5

Accogli la speranza

Accogli una speranza
proteggila come calda coperta,
però accoglila.
Accoglila nelle tue mani, nella gola,
dalle voce, dalle pelle, unghie e carne.
Dalle un tetto, alimento e acqua.
Accogli la tua speranza e proteggila.
Permettile di palpitare nel tuo petto,
e non svegliarla quando dorme.

6

Contraddittoriamente

Contraddittoriamente, se tutto
può essere, tutto è possibile,
la sera in cui
mi desideri pazzamente.
Possibile che, ci sia il sole,
il giorno in cui,
nella mia anima piove tanto.
Contraddittoriamente, nulla mi
sembra chiaro, potrei dire
che mi contagio di un
male senza memoria.
Possibile, che ci siano ferite,
che si allarghino in cerchi
concentrici, come l'acqua.
Oggi tutto mi fa male e mi ritraggo,
rinnego la vita che mi resta,
e accolgo la parte di me stessa,
che dimora al centro
di ogni avverbio negativo.

7

AL DI QUA E AL DI LA' DEL MARE

Il mio cammino si compie lentamente,
mentre gli inverni si riempiono di brume,
odioso albeggiare di affronti
e aggressivo sapere
di chi non conosce niente,
angustia del dovere,
abitudini perpetrate per rubare
il mio sangue avvelenato.
Alcol, per bere sempre fino all' alba,
peccando nel caotico finale
del dramma di un domani,
e di lacrime senza il destino di un sogno.
Tutti si sforzano di sorridere,
ma non mi sanno amare,
e vorrei spiegarti con queste scarse parole,
il mio acuto sentimento di replica,
che mi impedisce di smascherare
l' evidenza di fuochi latenti,
nascosti dal disdegno di possibilità insolite
e mi afferra l'imbroglio degli specchi,
in una morte impregnata di veleni.
La fiamma che hai acceso in quel momento d' ombra,
avanza, e in questa occasione emergente
non frena la ragione.
Nella fredda notte, pupilla contro stella
ondeggia il tuo grido, e alza polvere nell' aria
e corre corre... guarda... sarà un buon riflesso.
Viaggio tra due terre nel cammino dell' eccesso,
e nelle braccia della febbre,

lottando per non morire ancora,
sperimentando il piacere di un fiore velenoso,
che traccia la via come una fredda speranza
sommersa in una ferita profonda
nella quale mi rispecchio,
come un eroe di guerra.
Mi chiedo quando terminerà,
quando i secondi smetteranno di allargarsi,
e i minuti di diventare giorni
e i giorni di essere eterni...
Dieci secondi di furia, implacabile clamore
a questa sete di fuoco,
vaga si intromette la coscienza,
nell' atto sublime di due corpi non c'è ferita
quando il pugnale penetra la carne...
colpisce con furia.
Dieci secondi... e poi ritorna la calma.

8

Al hombre (que no està)

Este caliente remolino
que me hace sentir mujer,
el indomable pensamiento...
porque es así que empiezan
todas las historias no?
Estoy confundida por la imagen
que veo, cuando me miro al espejo,
del viento caliente que sopla
y arrastra mis esperanzas
como ramas hacia la orilla del río.
Los pensamientos se entrelazan
embocando senderos impenetrables
y no encuentran más regreso.
Dondequiera yo sea,
la noche no tiene igual,
me cubre con su capa,
soy un arroyo de caóticas palabras.
Revolucionaria, fugaz,
a menudo me oculto en mi silencio,
entonces me preguntas
quien quitó la felicidad a mis ojos.
Eres mi peña y sé que contigo
andaré sin parar,
con paso firme y orgulloso.

9

AL RISTORANTE DELLA VITA

Al ristorante della vita,
l'ordinazione non arriva mai in tempo.
Ma continuiamo a nutrirci con piccole emozioni,
per non soccombere all'inedia dell' anima.
Viviamo da sempre di grandi passioni,
che come un mare in tempesta,
sollevano la vita, la rivoltano e spesso l' affondano.
Combinazione variabile di spore esistenziali,
respiri surreali, istanti infiniti.
Tornare indietro, e non osare davvero,
tattile spirale che distoglie l'attenzione.
L' assenza di un senso costante che aleggia
tra i mutevoli accenti del tempo che corre.
Nulla ci sostiene, percorriamo strade
senza direzioni stabilite, appoggiandoci cauti
alle parole, scivolando incerti.
Dispersi, incrociando altri sguardi.
La continuità non è un distinto pensiero,
ma un immenso caleidoscopio di variabili,
che unisce gli elementi con legami invisibili,
tracciando solchi, ricombinando statiche certezze,
riaffermando un sentimento inespresso.
Non c'è niente che non sia importante,
quanto seguire un respiro, seppur movimento instabile,
e trovarsi abbracciati per caso, là,
dove una necessità chiama, un amore urge.
Dare un calcio all'apparenza,
che non vuole mostrare fragilità,
nella normalità dei gesti.

Dovremmo riprenderci il cammino, senza per questo dover chiedere scusa o perdono, cercando poche parole, calde come il fuoco.
Un altro abbraccio, fra terra e cielo.

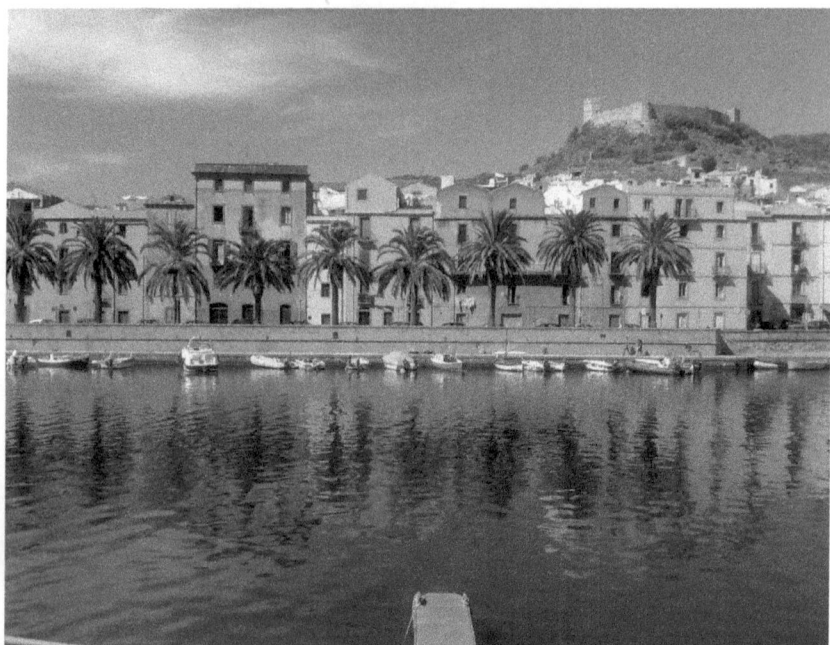

10

Aliento de Mayo

Puedo decir que no será silencio
el murmullo abatido
que me voy buscando
arriba de esas palabras,
para no atormentarnos.
Lágrimas que se deslizan,
vaivén de abrazos,
hiedra que enraíza.
Cómo recuperarte,
cómo rehacerte vida ?
Si la gotera de los días
se va cayendo en el solo minuto
que nos es dado.
Dentro de mis entrañas
la rabia se hace condena,
por el travieso que no habitó
tu simiente en mí.
Acuarelas desteñidas,
llevas impregnadas en tu mirada.
Los recuerdos echan ráices
y crecen como árbol en el tiempo,
y en una enredadera, nos aprietan.
Y voy llorando,
llorando una canción nunca aprendida,
no sé reinventarme más allá de ti.

11

AMANTE

Esperaba de ti,
tan solo una palabra
después de muchos silencios
y, mi sangre
rabiosa que se pudre
en la cama de tu
supuesto triunfo.
Habito mi desconsolado cuerpo,
en el que agonizo
y donde mueren las penas
de mi ser tu amante,
en la hecatombe del olvido.

12

AMARSI

Amarsi e non trovare il tempo
di far scendere un respiro.
Non riuscire a immaginare il punto
in cui il battito ossessivo del tuo cuore,
si sacrificherà al controllo
dei nostri mai sazi istinti.

13

<u>Amata</u>

Il tuo profilo in ombra, tende le fila,
mi dà movimento, finalmente un senso.
Tra noi, oceani di indugi, coronati da
distanze ambigue.
Da molto non mi sento amata, da molto
non mi sveglio col profumo della
marmellata.
Le incontrastate trame, seguono il filo,
come bava del ragno, mentre attendo ancora
paradossalmente, anni da trascorrere
serenamente.
E sono qui! grido ai muri e al silenzio, nelle
ore apparentemente interminabili, d'altra
parte non c'è altro, ora che cerco di parlarti
nel vento che, allontana la mia voce.

14

AMORE

Amore non è coraggio
ma un lampo malizioso
della psiche.
E' dispensar carezze
intonare accordi intensi
nello sgorgar di desideri
e sogni.
Passar per strade sconosciute,
salire scale faticose, per
arrivare a volte nell' oscuro.
Passeggiare nella notte
e pensare come amare,
passeggiare per pensare
che sempre sarai l' incerto
che non mi appartiene.
Arrotolo parole in canti
tormentati.
E non mi giova parlar
con la tua ombra che, furtiva,
si lascia accarezzare.

15

APRILE

Il tempo sfuma,
scivola incessante come la sabbia del mare
che cerco di trattenere invano fra le dita.
Si allunga inesorabile la lista dei domani,
diventati ieri,
che troppo spesso portano con sé,
intenzioni che restano incompiute,
nell'attesa del momento migliore,
che ti illudi di potere trattenere,
ma l' occasione è già lontana all'orizzonte.
Mi sono addormentata su un caldo bagnasciuga,
i sogni cullati dallo spumeggiare incessante delle onde.
Mi sono incantata davanti a un quadro di cielo,
con alte montagne intorno,
e sono una macchia di colore
in un momento in bianco e nero,
una lente che riflette senza tregua la luce delle stelle.
Sono il viaggiatore di una rettilinea esistenza,
una duna nel deserto infinito,
acqua che leviga e pulisce,
testimone traboccante di sapere,
camminatore di ogni paesaggio,
da respirare per diventarne parte.
Come un pescatore seduto su uno sgabello traballante,
che invecchia con lo sguardo sospeso,
ad una lenza immobile.

16

Apuntaba el dìa

Apuntaba el día
limosna insuficiente,
que yo no merecía.

Quizás si alguien
entiende
este hábito de silencio,
las palabras por si
cayeron,
y me acuerdo el llanto
que sacude el suelo.

No contesta la sombra,
y, ni la arranques
ni la apartes,
para que te deje paso,
sobre memorias
que ya no reconozco.

17

ASSONANZA O SUGGESTIONE

E' una sensazione che si fa strada, quando
abbiamo già tentato mille percorsi
Per assonanza o suggestione, quando ti cerco
ho occhi, orecchie e cuore spalancati.
Sono autostrade su cui viaggiano i
pensieri, che mi assediano, mi trasformano
in un ruvido ma efficiente corpo di granito,
vittima sacrificale di una rinnegata generosità.
Attimi densi come una vita, mentre le tue mani
risalendo piano, continuano ad accarezzare le
gambe, poi il ventre, cercando di aprire il
forziere delle mie difese, raccogliendomi
delicatamente tra le braccia.
Secondi lunghissimi, in cui oltre al piacere,
nuovo si fa strada un pianto sommesso,
senza pudore, ti vedo nitido, proteso verso di me.
Ma non ci sei più, già da tempo.
Forse è arrivato davvero il momento di lasciarci
andare, lo struggimento della nostalgia si
mescola a questa nuova consapevolezza, mentre
lentamente prendo possesso dei miei limiti,
si delineano nitidi i tuoi nuovi confini.
Può essere stato un mese, un'ora, un anno.
Senza indicazioni verbali che spezzino la tensione,
scavalcando finalmente un altro pensiero.

18

AVERTI ADDOSSO

Averti addosso, un istante dopo l' altro,
che racchiude un sorriso o un abbraccio,
è come morire due volte.
Affiorano sempre, incombenti, immensi,
insinuandosi con toni caldi, tornando
là, dove a te volge il mio pensiero, là
dove non ci sei, là dove non verrai.
E' una vita che passa, vuota di te,
incamminata ormai per altri sentieri.
Come si fa ad essere morti dentro, ma
ritrovarti indelebile nelle orme della
memoria?
Il cuore lavato dalle lacrime è immerso
nella quiete, e se mi svegliassi, e se mi
chiamassi... un sogno in più si è perso.
Vorrei non fosse tutto vero, né voglio
il tuo ritorno, è così da sempre, così si
logora il mio giorno, incontri consumati
da amanti infelici, distrutti, indifferenti,
ora neanche amici, e dentro un labirinto
mi sveglio ogni mattina.

19

<u>Bambina</u>

Chissà, riuscissi a fare poesia
della bambina a cui, per anni,
dal corpo immobile,
hanno rubato il sogno.
Da quei nefasti angoli, di anima
inquieta, l'odio si sparge.
Ristoro dello spirito.
L' acqua non santifica,
il ventre accoglie,
ma ormai l'amore non converge,
dove ritorna agonia
il sogno.

20

BREVE MOMENTO

Il tempo sembra non essere passato,
spesso ti penso, e la profonda malinconia
ancora mi affligge,
Non ho foto da conservare con cura,
solo ricordi, ammucchiati, scomposti.
Di noi, vocianti e sorridenti,
Brevi momenti, a tratti frettolosi, a volte
sono felice e guardo lontano.
A volte è un'ombra, o forse solo la mia
incoscienza, a turbare, impensierire,
a farmi sognare.

21

BRINDO

Brindo al cancro che ha deciso di venire
a fare un giro a casa mia.
E' difficile decidersi la vita, ma spero di
vincere tutto in un colpo.
Brindo a chi lancia messaggi, e a chi riesce
a trasmettere emozioni, nonostante i
rancori che gli rodono dentro.
Brindo alle parole amare, alle parole severe,
alle chiare sensazioni, agli inutili sacrifici, a
una stella che cade, al respiro che scende ed
a un cane che morde.
Brindo alla giornata passata, alle mille occasioni
che si sono create e perse, alle cose che nessun
libro potrà insegnarmi, a chi può parlare senza
muovere le labbra, chi può guardare senza aprire
gli occhi.
Brindo a chi, cadendo trova il coraggio di rialzarsi,
a chi vive come se fosse già felice.
Brindo agli ideali che si sgretolano sotto il peso
dell' ingiustizia, brindo a noi che lavoriamo anche
per pagarci l'aria, per respirare una vita esasperata,
piena di inquietudini inesplose.

22

CAPITA

Capita di non avere più voglia di parlare,
non fare più domande,
delle quali si conoscono
già le risposte.
Capita di piangere poi per niente.
Quello che nessuno ha mai capito
è di non illudersi mai
e non rimpiangere mai.
Non farlo, non farlo mai più,
quell' amare, amare forte,
anche se a volte il destino
ha più fantasia di noi.
Capita anche di ritornare a ieri,
e di non riuscire a non pensarci più.
ma capita che d' improvviso passa
e certe cose non tornano più,
anche se sono le cose che hai
amato di più.

23

CONTRAPPUNTI

Un gesto, una parola, per raccontare il vero.
Contrappunti! Pensare e non parlare.
E' dura la ragione, saperti e non sapere.
Noi anime di fuoco, vicine ed inviolabili
in libero volo, manifesto senza titolo,
l' estate del ricordo.
Impalpabile si riaffaccia la speranza di un ritorno,
mentre l' impronta del dubbio, da qualche parte nel tempo,
non ascolta il pianto.
Vincere, perdere, ardire, difendere diafane ragioni.
Semi di silenzio, laddove, il tradimento è una condanna,
la verità un desiderio.
Se potessi! Aperta la porta, lontana l'eco,
tesserei trame e un respiro ti scaverei a mani nude,
in questa indifferenza paradossale.
Non ti ho mai chiesto dove vanno i tuoi spazi vuoti fra le parole.
Sono pietra, la tua bambola dai capelli di lana,
pagina bianca macchiata dal tuo inchiostro selettivo,
punto indefinito tra una crosta di malinconie e una virtù rappresa.
E mi pento di questo poco odio, di questo falso anelito di pace,
quel che resta di noi è una guerra quotidiana,
senza data, senza nome.
In prima linea o in secondo piano, sei comunque
l' altra metà di ciò che penso.
Mi smembri, mi annienti, spietato mi afferri,
con sottile movimento, in un nulla percepito prima,
nella sera ormai appesa alle spalle, quasi vecchia,
lasciandomi di questo travaglio imminente,
la sola coperta del perdono.

24

<u>Cara Silvia</u>

Cara Silvia, ho girato io le
pagine del calendario di questi
ultimi due mesi, sapessi le
sfide che ho scelto, in questa
mia alternanza di apparizioni.
Mi sento come un giunco che
resiste al vento, un vulcano
pronto ad esplodere.
Ma non ti nascondo che, nelle
mie mani, serrate e rigide,
percepisco il freddo della
morte.

25

CORAZZE

Ciò che più assomiglia
a quel che sto pensando,
è che le tue parole
giocano a inseguirsi
fertili e geniali,
incastrate fra loro
in momenti inaspettati.

E quando ne comprendo
il significato,
cade il frutto della mutazione,
e non esistono più corazze.

26

Casi perdida

Casi perdida me oculto
en las pequeñas llamas,
en un cadalso al horizonte
amargo.
Con migajas de odio reñido,
solo queda un grito,
perseguendo aquella parte de mí
que se entrega al silencio,
por muy duro y largo que sea el camino.
La vida da golpes que a veces
parecen no terminar,
ni tener ojos que se aproximan,
como una piedra que arrastra una ola,
para alcanzar el cansancio que asecha.
No es más que una mezcla de palabras
en este pequeño recuento de mi vida.
Y me olvidarás,
como se olvidan los problemas.
Yo te sujetaré con mis manos
más arriba del mar,
más arriba del tiempo.
Me invade hoy la melancolía,
aprietan las cuerdas tensas,
te marchas... no quiero dejarte ir,
con fantasmas de la angustia que se crea
en mis dedos huérfanos por inutilidad.

27

CONTRASTI

Contrasti, nel cielo di aprile.
La luce è fuggita chissà dove,
abbandonate le rassicuranti certezze,
chiedendosi dove vanno
a morire gli istanti,
dimenticando ogni più debole convinzione.
E non vale la pena essere poeti,
cercare le parole, o impalpabili figure,
per sostituire fredde coperte d' ombre.
Si combatte il dolore,
per ritrovare il coraggio di regalarsi un sogno,
per ricadere ancora, perdendosi in un amore.
Dirsi cos'è questo pensiero,
a volte disprezzo, a volte rinnego,
mi morde, ansima, sbocca.

28

<u>Cosa sto cercando</u>

Non so neanche cosa sto cercando.
Stormi di pensieri volano ciechi,
rallentano, poi riprendono il volo,
distratti, invisibili, come vestiti distesi
che profumano di incessanti carezze,
che troppo spesso si dimenticano di tornare.
Lascio gli occhi abituarsi,
ma non so ancora cosa mi ha portato qui,
un sogno, l'illusione di morire.
Mi concedo, mi abbandono.
Cosa posso mostrare alla fine,
se non le ferite che non ho saputo evitare,
né sputarci dentro.

29

DAMMI UN MOTIVO

Dammi un motivo, per il continuo
vagare in mondi diversi, in tempi diversi
in corpi diversi.

Dammi un motivo per il continuo ricercare
un motivo per amare,
un motivo per donare,
un motivo per creare.

Dammi un motivo per il continuo
ritrovare, dentro stupidi momenti
l'altra parte di me,
l'altra parte di te.

30

DE FIESTA

Ci voleva solo un po' di durezza d' animo
per indicare un nuovo sentiero
a quel piccolo cuore smarrito,
per far cadere anche l'ultimo senso di appartenenza.
I respiri, lenti, si susseguono con scarsa convinzione,
grattando la vernice degli eventi,
anestetizzando i pensieri, niente di tutto questo,
neppure tutto questo insieme.
Gesti, sorrisi, brevi carezze.
Lontani da occhi indiscreti o giudizi sommari.
Festeggiando fra i rimorsi, senza calici né auguri,
senza carte colorate, né fiocchi variopinti.
Solo fredda consuetudine e un cuore avvizzito, nudo,
stracciato, gelido e affamato.
Piccole e insignificanti mutazioni,
inspiegabile profondità senza salvezza,
l' equilibrio rotto solo da una scarpa
che si accanisce sull' ultimo filo di vita della sigaretta.
Con apparente casualità si concede languido
alla carezza di una mano disperata, confidando ogni
debolezza ad un torbido silenzio.
Il sangue scorre denso tra le viscere,
pulsante e vivo, alla ricerca di labbra a cui arrendersi.
Il tempo passa silenzioso, in un rincorrersi costante,
l' ombra si sforza di restare appesa ai riflessi
opachi e offuscati, della luce che cade dai lampioni.

31

<u>De tanto mirar</u>

De tanto mirar a los lejos
y amarte.
De tanto mirar a los lejos
y esperarte.
De tanto mirar a los lejos
y llamarte.
De tanto mirar a los lejos
y soñarte.
De tanto mirar a los lejos
y no alcanzarte.

32

Dei miei ricordi

Valutando le ragioni di un rifiuto,
mi accorgo che l'amore non è una questione
che si esaurisce in due parole,
Non dà niente per scontato, buono o pietoso,
senza degni avversari,
incontenibile incanta le facce, rallenta i cuori.
E stasera, senza più cedere all'ultima illusione,
svanito il profumo di questo tuo sogno,
avariato dalle parole banali, da azioni perdenti,
ti dico che il tuo gioco è invecchiato, scaduto.
L' amore si fa suono fra le mura grigie,
guizzi improvvisi, languide movenze
disegnano figure assurde,
momenti felici vagano erranti,
riportandoci ad infinite nostalgie.
Con cuore nuovo, voglio abbracciare
tutti gli attimi, di questa vita che si ricompone,
e fino all' irraggiungibile voglio camminare,
trascinandomi dentro tutto il rancore.
Lenta, lenta, poi voglio ricominciare.

33

Desde un sueño

Llevaba yo mi niño en el bolsillo
tenía él una tristeza inexpresiva,
regresabamos a una ciudad
que no conozco.

Y, rompiendo un silencio hondo
mi niño empieza a declamar
versos con voz inhumana.

Como una queja lejana, algo
que en mi afán, retengo ser
la embriaga nostalgia,
los vestigios del pasado.

34

Día inquieto

Hoy tengo un día inquieto
amarrado en la doblez de los recuerdos
y en este vaso ahogo
mi irregularidad métrica
mi distribuida y menguante rapsodia
se apagan las voces,
las palabras se despiden, y nada vale.
La copa cae y se esparce
en un compás rápido
perdiendose en el tiempo.

35

DILATANDO IL TEMPO

Il silenzio è leggero come falde di neve,
suadente come il fruscio di un vento estivo.
Dilatando il tempo,
negli ultimi secondi, i più desiderati,
durante i quali pensavi di essere immune,
al sicuro nella tua razionalità,
alzando decisa quel muro,
una diga forte e maestosa,
sulle cui pareti avrebbe trovato la morte
il volo suicida di ogni respiro di vita,
che invece stridente irride ogni tua certezza.
Sempre, sottovoce, si cresce, si cambia,
ma sei distratta e non lo comprendi.
E oggi vuoi indossare un vestito a fiori,
pervasa di struggente malinconia,
dove amara consapevolezza
e tenera memoria si intrecciano.

36

Divagando

Divagando entre lo absurdo y lo profundo
pierdo ilusiones con el pasar de los años
quizás podría distanciarme el tiempo
elevarme al infinito, en un nada sin
memoria.
Cual ironía, rabiosamente oscura y
silenciosa, gastando los pretextos
con impunidad.

37

DUALE

Non ho ancora scoperto
il mio duale
abbaia due volte al giorno
poi si ritrova in certe pagine
e scopre l'infinito
in cui sta sospeso.
Un assaggio di eternità,
tuttavia con occhi erranti
sogna, espressioni di un
pensiero, che spazia e
non trova pace, nemmeno
in un grondante abuso
di dolore.

38

E ANCORA POSSO

Nasce il sole e tramonta
per altri cento e mille giorni,
niente mi ferma
anche se le tue mani sono così lontane.
La mia casa senza te,
un Natale così vuoto,
le mie ansie e i tuoi silenzi.
Ho una rosa che non sboccia
e una storia d'amore in versi,
creando pensieri
che vorrei regalare ai tuoi occhi.
Divento sempre più solitaria,
contenta se nessuno bussa alla mia porta,
ma lo giuro,
vorrei tanto acchiappare un lembo
di nuova vita,
e lasciarci la mia impronta.
Ma come dirti cosa sfiora le mie labbra,
come dirti che ascolto col cuore in mano
l'onda della tua voce nella mia memoria.
Niente va a comporre realmente il nulla,
perché tuttavia il mio nulla attuale
non disperde ancora i fili logori,
di questo triste e disperato amore.
E ancora posso, però non voglio amare,
ma vivere due vite,
una di lame e di spine che abitano le vene,
e una di risate irriverenti.

39

E PER UN ATTIMO

Intenso mi appare il motivo di questo soffrire,
mentre confuso cerco il percorso del tempo passato,
tenuo legame che afferro e rifuggo.
Voci di strada accompagnano le ombre stagliate nel
vuoto dei muri, pallidi contorni.
Passo sulla terra, pelle e stoffa, vento sul viso.
Melma e fanghiglia che tutto ricopre, acqua silente
spegni il dolore.
E quando imbianca la fronte e il tempo ci piega al
suo crudo sferzare, arriva il momento in cui
affondi nel vuoto, mentre lo specchio silente rimanda
l'antica stanchezza e spirali di fumo nel cielo.
Risvegliarti e rivederti come eri un tempo.
Può bastare udire un respiro disteso, eterno e vicino,
e provare ad agire, pensando all'universo racchiuso in te.
Per un attimo sei forte abbastanza.
E per un attimo o forse meno, respiri l'amore.

40

E SCUSA IL DISTURBO

Guardami, tra dimore d'ombra,
dove l' amore dato, l'amore tolto,
in un planare di ali,
sfuma nell'aria pulita
di questo mattino d'autunno.
E' tempo di lasciare le fragili emozioni,
quando un alito di vita si smarrisce
all' improvviso.
Una volta ancora, benevolmente aspetto.
Ma non c'è niente da dire.
Sei il mio misero pubblico,
anonimo e occasionale,
mentre io racconto e giudico
le mie ossessioni consce,
i giorni di fervore,
saturi delle nostre stanchezze.
Rintoccano le ore,
quasi con sgomento stupore.
E' così che si inizia a morire?
Al centro esatto di uno spiraglio delle tue labbra?
E scusa il disturbo di questi pensieri,
sulla scia dei lidi del tuo corpo.
Cibo per l'anima che muore.

41

E tu ora cosa fai?

E tu ora cosa fai?
Metti distanze di qua e di là
Nascondi emozioni,
io conto i giorni
che cominciano senza di noi.

Ma dimmi, ci pensi mai
ai ricordi che scappano via?
Mi mancherai
così mi farai compagnia.

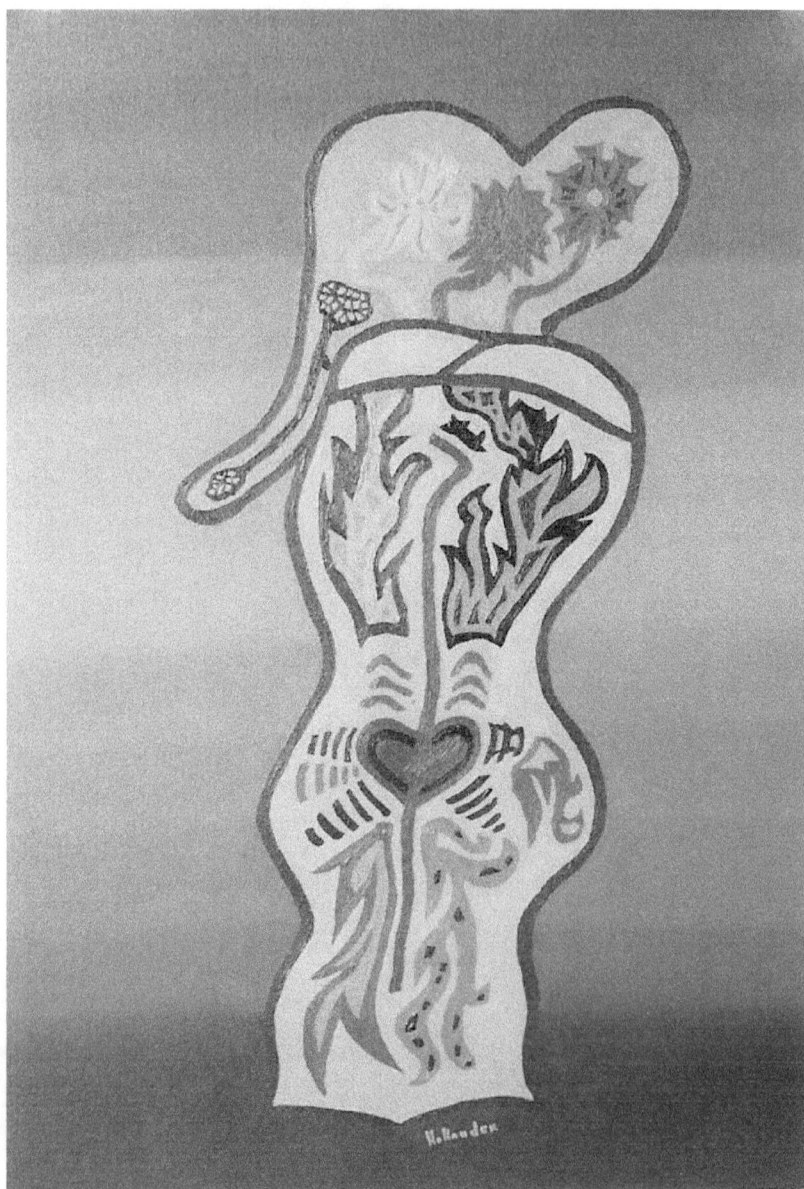

42

El amor es una tensión
plena de acción:
su debilidad.
Su desafío:
continuar
y dejar de someter.
¿Quién acepta ese riesgo?

Carmen Vascones

L'amore è una tensione.
Piena di azione:
la sua debolezza.
La sua sfida:
continuare
e smettere di sottomettere.
Chi accetta questo rischio?

(*Traduzione Lisa Cocco*)

43

El resto del día
en cada acto del sueño
El inicio colma el agotamiento
la constante mirada se pierde en la bruma
Un ritmo de ausencia y desencuentro la expectativa
el rasgo dirige la ficción
Entre el tumulto y la siempre calle
la repetición se escabulle.

Carmen Vascones

Il resto del giorno
in ogni atto del sogno
L'inizio colma l'esaurimento
lo sguardo costante si perde nella nebbia
Un ritmo di assenza e scontro, l'aspettativa
il tratto dirige la finzione
Tra il tumulto e la strada di sempre
la ripetizione sfugge.

(*Traduzione Lisa Cocco*)

44

EL SILENCIO MATABA AL SILENCIO

El silencio,
mataba el silencio
que se paraba en el sitio
esperando el ocaso.
El odio se muerde los labios,
solo, costreñido
a ser mendigo de gestos
que acaricien el alma.
Comeré esta tierra,
intenteré desairarme
antes de que en la calle
desfilen ríos de cofres
que llevan mis vagas
esperanzas. Me ahogo
deteniendo el suspiro
que me quita la voz.
Princesa de la inquietud
y del tormento interior.

45

En esta batalla

En esta batalla, residuo
elegido de la desesperación,
las sombras dibujan triunfantes
errores, y dilapidados sueños.
Hosquedad que hiere un camino,
un ascenso hacia la vida,
que se enarbola, padece,
y luego se extravía en la caída.
Respiro hambrienta, intuiciones
con una intimidad enigmática,
la absurdidad de la promesa
que retratas, como estéril
abdicación.

46

<u>Fino alla tua perfida bellezza</u>

Fino alla tua perfida bellezza,
camminando con le stagioni dell' anno,
stanca di parole, di evidenze e di
verità che non mi appartengono.
Vivono in me tante promesse,
desolazioni e amarezze.
Bramosia del tuo mistero, che mi
azzanna a capo chino.

47

FRAGILE INTESA

Nel mio lento divenire,
cavalco le paure
il furore scomposto,
e il saggio ricordare,
memoria e coscienza
di un ovulo infecondo.
Pianto appena nato,
che muore nell'arido mare
del cinismo,
serpente del delirio che,
si attorciglia attorno a
quel vuoto.
E' assenza e di assenza
si nutre, stesa su fili
di una fragile intesa.

48

I ricordi sono un plotone di esecuzioni

Storie, blindate e anonime,
di cui il passato non ricomporrà
la trama.
Storie: istanti dove il domani non
esiste, anzi il tempo fa strani effetti,
si riduce, si restringe.
Ti limita, ti spegne.
E i ricordi, sono un plotone di esecuzioni
sbattute sui rimorsi, suoni, parole,
svuotati di tutto.
Un' apnea che ti toglie l'aria,
restringe i polmoni.
Non sono un'astrazione, ma una pena
che sancisce, punisce, separa.

49

IL NIENTE

Crinali diafani
nello spirito inquieto,
un vuoto a perdersi,
inafferrabile respiro,
mentre le ombre sfiorano
vite che si accavallano,
sommando il grigio
nulla delle cose.

50

<u>Indiferente otoño</u>

La verdad empañada
calla, inspirando la duda,
concédeme un minuto,
que sea
una completa brevedad,
aunque predecible
en esta época de transición.
Incansable lo recibo
y escapo de la fría piedra,
más allá de este
indiferente otoño.

51

INFAMIA

E' un grido che non giunge all' empio,
è un' infamia pronunciare parole che
si sgretolano fra i denti, laddove la
vita è una trincea di voci mute.
Eccoli i vigliacchi, e il mostro che si
erge, sproloquiando profferte di morte.
Come armi puntate alle tempie.
Accusa, ammonisce, è odio che lambisce
distruggendo.
Nitido sgomento, il gelido passo di una
truppa ostile, bandita ogni idea, che
contrasta il suo potere.
Com'è acre il sapore del verbo, che
uccide le convinzioni più profonde.
Nell'ultimo gesto,
si estingue ogni speranza.

52

INUTILE

Tutto è così inutile.
Ho paura, e quanto è difficile
raccontarti questa verità.
A volte fuggo attraverso i miei
intricati pensieri,
che mi conducono nei deserti
del niente.
Raccolta come un feto,
in una riva solitaria, costruisco parole
che mi sommergono,
mi imprigionano, nutrono il mio
midollo.
E' un cieco incatenarsi.
Un lento dissanguarsi di voci disperse,
riti solitari, i miei mostri,
i miei fantasmi liberi e crudeli.

53

IO SU QUESTO TRENO

Io su questo treno.
Direzione...
Si alzano morbide bianche nuvole,
mi chiedi se sono felice,
diciamo che sono felice
anche se, è un viaggio questo,
che non potrà mai colmare il vuoto
di questi mesi.
Ci vuole ancora molto tempo,
e la costante voglia di ricerca,
per scacciare il chiodo
che mi accompagna.
Giorni, ore, istanti
orfani di pensieri, amori, sogni.
E tu, che non comprendi se
commetto degli errori.

54

L' EMOZIONE

L'emozione non ha aggettivi
è un arduo definirsi
fra corti momenti
e l'intermezzo della vita.
L'emozione è una fame insaziabile
un enigma continuo
un bisogno intoccabile
quando la ragione agonizza
nell'oceano dell'irrazionalità.

55

La falta de tus brazos

La falta de tus brazos rodeándome,
en estas tardes, en que la verdad
se sienta a nuestra mesa, como lioso
comensal, llevando consigo años perdidos
y el frío de las semanas deshabitadas.
Arrastra arrebatos pasmados
detrás de la palabra, y todavía
me parece nuevo el gusto de tus labios,
casi reapareces inédito en tus gestos.

Como cada mañana, se quedan tus
sombras, el tiempo ineludible
sobre mi cuerpo añoso,
convertiendo el acto secundario
en un última mentira.

56

La palabra me acoge

La palabra me acoge,
más allá de mi muerte
tan inútil,
más allá de otro tiempo
privo de instantes.
Una extraña certeza,
no sé si una respuesta,
silenciosa se asoma,
exigiendo que yo deje
la cobardía.
Cuanto amargas son las
formas del engaño,
cuando se cumplen
con una terca voluntad,
y en lugar de escribir
yo sumergía mi vida,
guardandome en una
oscura infinidad.
La palabra antes agobiada
tuvo piedad, me sacó de
mi hondo cieno.
Y ahora descanso en ella.

57

La solitudine

Ieri ha piovuto tanto,
che la morte era un incanto
pericoloso invito al niente.
Avrei bisogno di uscire
ma i miei capelli cadono
insieme ai miei pensieri,
come le gialle foglie d' autunno.
Mi attrae questo cammino
verso l'abisso,
dove tutto smette di dolere,
dove le ombre non hanno colore
e i corpi sono assenti.
Così passano le parole,
e ogni pensiero si declina
nella lingua del mio boia.

58

LAS PALABRAS

Envueltas en sus manos
así en el fondo de una esencia,
cuando la esperanza no las alimenta,
y la intuiciòn las ignora con pena,
cuando los engaños las enredan,
hundidas en voces de bocas sedientas,
tremulas, pequeñas e invisibles
gimen las palabras.

59

LE PAROLE

Le parole a volte sono come dura roccia,
che si sgretola nel cuore,
dopo improvvisi silenzi.
Le parole a volte sono, tutti gli abbracci
che mia madre non mi ha saputo dare.
Le parole a volte, giocano distratte, per
scivolare poi in un fuggevole ricordo.
Le parole a volte sono il casuale ripetersi
di cieli azzurri, o vuoti immensi.
Le parole a volte sono, il nostro vano e
inutile tentativo di ricreare, momenti sulla
carta, scritti con la penna dell' inganno.

60

LE POESIE

Le poesie, ricche di parole
al morir del giorno,
racchiudono un insostenibile male
e la menzogna,
nella mortale lingua.
Un cerchio perfetto che avvolge
in armonia,
tenui riflessi che si profilano
in un crescendo di distanze,
di mute lusinghe,
e preziosi silenzi.

61

LIBERTA'

Demarca la terra l'esilio infinito
aggrappandosi al tuo nome con mille parole
trattenendo i giorni, nutrendosi di mille
promesse, costruendo, ragionando e condividendo
passioni vivaci, storie e illusioni.
Costante costanza, riempiendosi gli occhi di un
mistero atteso, dottrina aggravata, esigenza
scritta con indelebile inchiostro.
Viaggiando in un mondo cosparso di incognite,
come foglie volando verso lo stesso destino,
con chissà quali burrasche nel percorso.
Infiltrata nelle lettere, castigata nelle intenzioni
di mille anime unite in tutto questo dolore.
Il sepolcrale silenzio, una terribile nostalgia
occultata in un epitaffio, ore sfuggenti nel tempo
assorto, incrociano tormentati sguardi di persa allegria.
Nessuno se ne accorge ma lo spirito cammina solo,
trattenuto nella prigione delle sue stesse ossa.

62

Letto di contenzione alla memoria

Irrispettose discordanze, intorno a un
passato imperfetto, quando c' era ancora
il cinema in piazza tutti insieme la sera.
Un po' alla volta riesco a ricordare le ombre,
i volti scuri, i corpi negli allegri vestiti a fiori.
Da lì in poi, vacillano le mie certezze,
infittendo l' orizzonte di interrogativi e dubbi.
Castigata dalla solitudine, da nuove vicinanze
rifiutate, nuovi luoghi, nel disordine dei giorni.
Il confondersi dei ricordi, tessere tragiche
custodite in un tratto di mare.
La mia è una ferita aperta, di adulta con
l' anima escoriata, separata, strappata
nella carne. Intanto le lancette girano,
ma cerco invano la bambina, una voce
narrante, una lunga carezza.
E mi sembra di essermi persa in mille cunicoli
e non poter risalire. Il flusso scomposto
delle mie parole in questi lunghi anni:
un' irrisione tragica ai sentimenti,
l' azzeramento di una nostalgia.
Nel perpetuarsi di qualsiasi calendario,
quanti imperativi ho trasgredito, sempre, io.
Con tutta la mia fretta di farmi sostantivo,
fra mancanze ed eccessi.
L' assenza di mio padre, una devastazione,
tradotta in una pausa dilatata in un -nontempo-
in una rabbia che implora amore.
Ricordi, informi e innocenti.
Fantasmi aggrovigliati, in nodi d'angoscia
che castigano la mia esistenza.

63

Lo que el viento detiene

Lo que el viento detiene
es un lamento incesante
una ilusión compartida
la letanía de la noche
la vida que nos va
a cada día a cada instante
los placeres absolutos
las huellas de los errores
rostros dolientes
recuerdos involuntarios
y hastíos
discursos y necesidades
que revuelven océanos
enteros.

64

Mi muerte

Mi nombre sigue surcando caminos,
y yo aún no he dejado de maldecir
mi muerte, oscura grieta de la nada.
Ya han pasado años, inviernos,
mares, silencios,
y las olas del recuerdo mi alma enfurecen,
estoy como loca, vaciandome
de la blasfemia que me envade.
Ideandome, sin cumplirme.

65

Mi Viaje

Mi viaje se suma
a un gran cúmulo de dolores
que fosilizan palabras y gestos
en cualquier lugar desconocido.
No desciende para mí la paz,
y dónde está la vida?

Quizás bajo esperanzas
rotas y rotas, seducidas
por un salpicado inhabitado
deseo.
Mecidas por hiedras ahogadoras,
desgarrados instintos,
en descuidados quijotescos retablos.

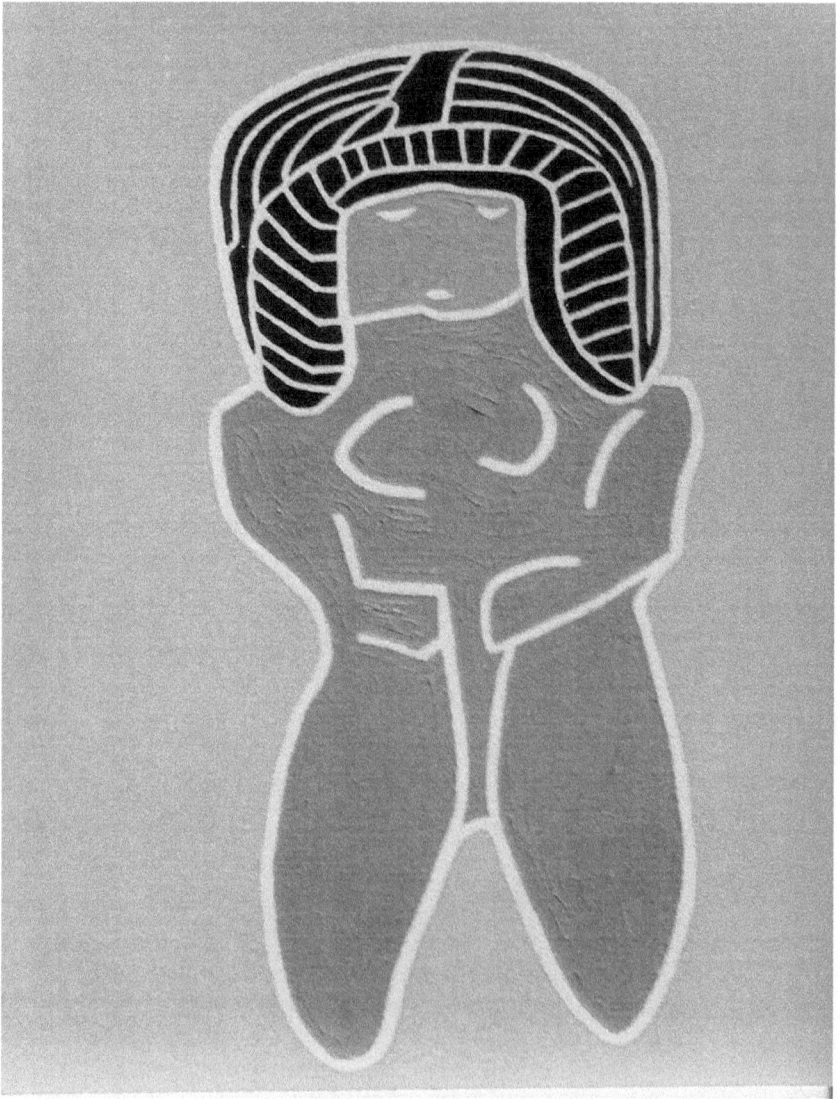

66

Los senderos del placer
se los ofrecí
a la lengua que me tocó sin rubor
por ser bienaventurados del reino del deseo
donde la muerte es una promesa sin juicio final.

Carmen Vascones

I sentieri del piacere
li offrii alla lingua che mi percorse
senza vergogna
per essere felici nel regno del desiderio
dove la morte è una promessa senza
giudizio finale.

(*Traduzione Lisa Cocco*)

67

Misero Bagaglio

I giorni passano e non mi resta nulla,
feroce si mescola il dolore e rinasce
in primordiale vento,
falsificando vocabolari spenti,
cucendo parole e strappi in mezzo
ai miei pensieri.
La vita si fa corta, con pena e sospiri
raccolgo i miei sogni, senza intrecciare
sensazioni, superando con un balzo
la litania, di essere abitatrice del mio
misero bagaglio.

68

MULTITUD

Como atraída
en una multitud imposible
me pierdo y me departo
intentando recuperar
un pasado, cruzando
la perdida y la nostalgia.
El corazón quiere,
incesantemente,
regresar a su casa
desafiando la imposibilidad
de la distancia.

69

NACI'

Nací en tu silencio
que acalló mi grito
Nací en el calor
de tus palabras
Morí mitigando la pena
que me dejó el dolor
de haberte conocido

Pero que hondos los años
que marcaron tu huella
en mi valle.
Cuanta vida nació
de la inquietud palpitante
que nos inspiró pasiones.
Cuantos resaltos turbulentos!
Y ahora, ese vacío
sin causa aparente,
mi sentido abruma.

70

NECESSARIO MAI

Ora che inutilmente
getto la mia tempesta
di semplici pensieri
nelle pieghe del mio volto
plasmi la tua sofferenza,
lasciandomi l'impronta
segnando tu il tempo.
Mi stai spegnendo piano piano,
cancellandomi in silenzio.
Scoscesi crateri i tuoi anni,
devasti, bruci, a volte sei fiore,
nei momenti in cui credi
d' avermi perduta.
Giorno dopo giorno, i tuoi artigli
lunghi e affilati, ancora mi cullano.
Quando riecheggia l'amore.

71

No hay horas

No hay horas en estos días
se engendran y se escapan
entrecruzandose entre cajas
de libros y maletas para
viajar.

Ansian el cotidiano.
Limpio las paredes de mi casa
con un amor que nunca tuve,
la incertidumbre flanquea
mi vida, la flecha para dispararla
aún no la coloqué.
Al actuar me encuentro tan ausente.

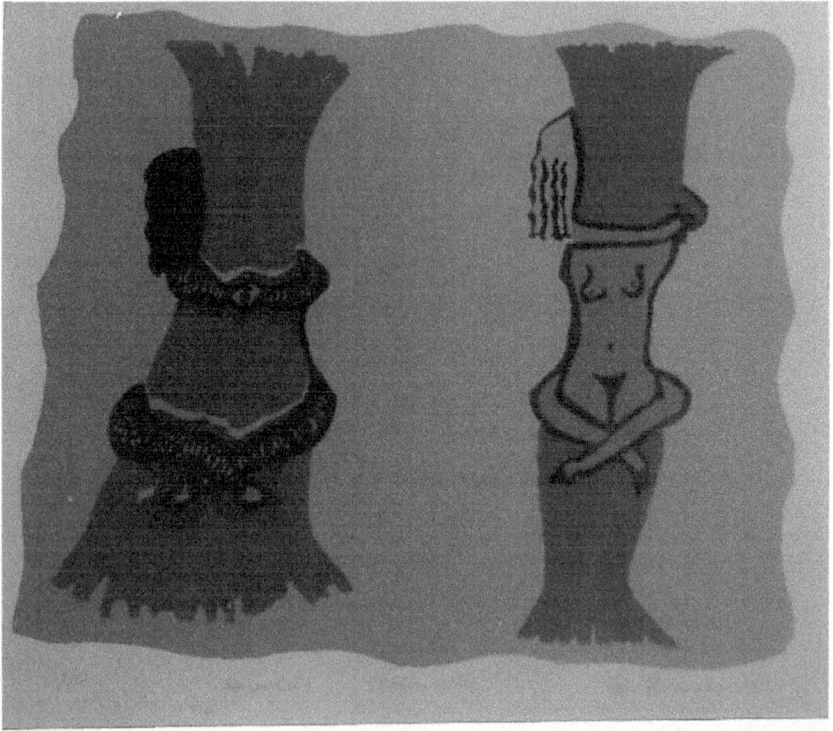

72

Orificia martillo
asalta la rutina
descuelga la obra

El movimiento golpea la exactitud del humor
la sombra del extraño recoge la llegada del equívoco

El espectador lleva su impulso en un rasgo teatral.

Carmen Vascones

Picchia martello
assalta l' abitudine
esaurisce l'opera

Il movimento batte l'esattezza dell'umore
l'ombra dell' estraneo raccoglie l'arrivo dell'equivoco

Lo spettatore dirige il suo impeto
in una esternazione teatrale.

(*Traduzione Lisa Cocco*)

73

OSCURIDAD DE LABERINTO

Aquella oscuridad de laberinto
espacio físico tormentoso
teatro donde represento un drama
y donde, mi boca de iras maltrata
la palabra.
Coarta la melancolía el curso de mi
pensamiento, libro inconcluso
siempre sometido a tu examén
feroz.

74

OTRA VEZ

Ha sido largo el camino
en cada uno de mis momentos
iba buscando
entre un futuro y el ayer
pensando y a vez agonizando.
Cada día en un aterrador silencio
u en un fracaso estrepitoso.
Sigue el pasado nostalgico
y el mañana es incierto,
pensando, soñando y a vez
agonizando.
Llevé mil memorias, vi mis
sueños sucumbir,
cambié mi historia, creciendo
y a mi gente agitando.
No fue capricho, simplemente
nudos, que el viento del dolor
mueve.
Y finalmente estás en mí
Desperté para ponerte un fin
Te engendré en mi vientre
y otra vez renací
para poderme revivir.

75

PARLAMI POESIA

Parlami poesia,
quando il gineceo dei miei testi
annega negli autunni,
quando l'essenza delle mie parole,
cerca il cielo di un poema
nel vaniloquio delle sue verità
purificando le esistenze.
Parlami poesia, quando dai
sentimento alle mie mani,
cercando la pietà del tuo tempo
ed il perdono dei tuoi anni.
Parlami poesia,
quando la reità delle mie lacrime,
cerca la tua consolazione
alterando i miei sensi.
Parlami poesia,
quando seduci i miei battiti
i miei occhi svelano
l'imprudenza della tua conquista!
Parlami poesia,
che prendi il posto del mio silenzio
con una tesi di parole precoci
che mitigano un'esigente solitudine.

76

PASANDO PAGINA

El tiempo no ignora los instantes
y como un espejo herido
rebosa de dolores.
Pasando pagina, de la raíz al
instinto, asciendo, desciendo
y sufro.
El mundo que yo moraba
ya no existe, desprendido en
la desesperanza que coarta mi
huida.
Inventarme palabras, analizar
una a una todas las maneras,
alterando cada vez mis pequeñas
fortificaciones.
Acogiendo tantas veces inútiles
excusas, torpes justificaciones.
Cruzando murallas, distanciando
la estéril cortina del silencio,
me voy, pasando página,
armada hasta los dientes.

77

Pordiosera de palabras

El silencio me recorre
la enfermedad raptó los gestos
la muerte podría ser la solución
un precipicio donde perder
las palabras que ya no grito
y nunca escribiré.

78

Quando la ragione vacilla

Quando la ragione vacilla,
lascio indifeso il cuore
dentro le molteplici occasioni
d'ombre.
Indifferenti specchi opachi,
che si riflettono in ogni
angolo di queste stanze.
Dove molte porte sbattute dal vento
estinguono il lamento
rapide, casuali, distratte.

79

USCITA DI SCENA

Ogni giorno è come un' uscita di scena.
La sveglia, le luci che si accendono in casa.
Una doccia veloce, il caffè.
Il giardino alle tue spalle, un sorriso,
un bacio sulla porta.
E il mio pensiero, come un disturbo molesto,
a minacciare il perfetto scorrere della tua vita.

80

QUI

E sono qui, e qualcosa mi sfugge
in questo cupo inverno.
Tutto mi pare nuovo, in questo
tempo perso,
in questo angolo di memoria
confuso, nel replay del nostro
addio dignitoso.
Ed è un'attesa fatta di parole
da comporre,
di uno spoglio avvenire,
di pensieri estorti e
di sporchi lamenti.
E sono qui, nel mio modesto
vestito,
nel mio corpo che diventa
sempre più piccolo,
nello scrigno dei suoi anni vissuti,
nella miseria di baci amari.
Calpestati, strappati,
fuggitivi nel tempo.
Custodi di un travagliato cammino.

81

Sonetto della genesi

Di tanto odio
vuoto d'amore
sonetto della genesi
poema perfetto.
Fine, inizio, parole,
bestiario della camera
da letto.
Ogni giorno, le cose
i ricordi, se tornassi.
Se sapessi!
Io sono di più, io sono
verbo, focolare della
falsa nostalgia.
Persecuzioni, l'amare
sia come fonte, incedere
del tempo.
Ostinata ignoranza,
la mia solitudine
serenata notturna.

82

Quiero me trague la bruja
para sacar mi
amniótica existencia
Para entregarme
a su paraíso perverso.

Carmen Vascones

Voglio che mi inghiotta la strega
per strappare la mia
amniotica esistenza
Per consegnarmi
al suo paradiso perverso.

(*Traduzione Lisa Cocco*)

83

Una nube de arena
sale en secreto desde el mar
espejo en movimiento
donde pierde la mirada
El viento lleva insomnios y dudas
se des-hacen las palabras en la forma.

Carmen Vascones

Una nuvola di sabbia
esce in silenzio dal mare
rifletto un movimento
dove si abbandona lo sguardo
Il vento reca insonnie e dubbi
si disperdono le parole nella forma

(*Traduzione Lisa Cocco*)

84

Recorriendo lo irreverente
la música ancestral resuena
en mi cuerpo los gritos de la tragedia
despojan mi renacimiento
bailo entre las piedras del coliseo
la posesión del triunfo
en mi piel sudorosa
la angustia se inicia entre el rubor y la ira
los sacrificios perdidos
en los restos de la escultura
Hoy el canto milenario
divaga entre mi imperio y las conquistas
Entreabierto occidente al ocaso de los siglos.

Carmen Vascones

Percorrendo l'irriverente
la musica ancestrale riecheggia
nel mio corpo le grida della tragedia
spogliano la mia rinascita,
ballo fra le pietre del colosseo,
il possesso del trionfo
nella mia pelle sudata,
l' angoscia penetra tra la vergogna e l'ira,
i sacrifici persi
nei resti della scultura.
Oggi il canto millenario
si distrae fra il mio impero e le conquiste.
Socchiuso occidente, al tramonto dei secoli.

(Traduzione Lisa Cocco)

85

TELA DI RAGNO

Mi sento svuotata,
aggrappata
a una tela di ragno,
nell'orrido spreco del tempo,
legata a un silenzio
sedotto da parole mute,
sfinite, consunte.
L'assenza, di assenza si nutre,
gira attorno a quel vuoto,
strappa e ricuce la tela,
la distende su fili di effimera
armonia, in uno stanco ventre
di ricordi.

TELARAÑA

Me encuentro vaciada,
agarrada a una tela de araña,
en el horroroso derroche del tiempo,
atada a un silencio seducido
por palabras mudas, agotadas,
desgastadas.
La ausencia, de ausencia se nutre,
rodea aquel vacío arranca y repasa la tela,
la distiende sobre hilos de efímera armonía,
entre un cansado vientre de recuerdos.

86

UN BACIO

Il coraggio di chiederlo un bacio,
e ti emozioni solo a pensarlo.
Sfiorati le labbra, prova a sentirlo,
che magia quando, per un dono
inaspettato, la tua bocca, ad un soffio
dalla mia, porge l'invito.
Così vicine che, i respiri accarezzano
le labbra.
Accostarsi adagio, per assaporare la
morbidezza di un bacio che accoglie,
per perdersi nel turbamento di un
bacio che penetra.
Viso contro viso, arresi allo guardo
altrui, la lingua che preme, chiedendo
il permesso di farsi più forte.
Mentre, urgente diventa l'abbandono.

L'AUTRICE

Lisa Cocco, nata in Sardegna.
"Dalla mia isola ho ereditato la malinconia, l'inquietudine, le ombre e il silenzio. Ma anche l'ostinazione.
Scrivo da moltissimi anni, racconti, articoli ma soprattutto poesie, attraverso le quali cerco di dare voce alle parole".

Contatto e-mail: lisa.co@tiscali.it

ISBN 978-1-4466-2942-0

www.ingramcontent.com/pod-product-compliance
Lightning Source LLC
Chambersburg PA
CBHW051829090426
42736CB00011B/1714